ORIGINE PSYCHIQUE

ET CARACTÈRE SOCIOLOGIQUE

DE LA RELIGION

PAR

LUDWIG STEIN

Professeur de philosophie à l'Université de Berne

Extrait de la *Revue Internationale de Sociologie.*

PARIS

V. GIARD & E. BRIÈRE

LIBRAIRES-ÉDITEURS

16, RUE SOUFFLOT, 16

1897

Beaugency. — Imp. J. Laffray.

Origine psychique et caractère sociologique de la religion [1].

Depuis quelque temps, les philosophes qui s'occupent du droit et ceux qui traitent de la religion sont divisés et discutent vivement sur la question de savoir, si la conscience du droit est l'origine première de la conscience religieuse qui s'en serait différenciée, ou bien, si, au contraire, la religion est la source d'où le droit a découlé insensiblement. Ainsi, Fustel de Coulnages (2), qui est un savant si fin et si perspicace, voit, par exemple, dans la religion, un facteur social primitif qui lie les individus les uns aux autres bien plus vite et bien plus fortement que les relations données par la nature.

D'après Leist, au contraire, la préexistence des *ordonnances sacrées* ne fait pas la règle. Bien plus, le rapport entre les réglementations d'ordre religieux et celles d'ordre purement juridique, est très différent, selon les peuples. ou groupes de peuples. « On remarque très facilement la différence essentielle qui existe entre l'organisation des peuples slavo-germaniques, d'un côté, et celle des peuples celto-italo-grecs, de l'autre. Chez les premiers, les *ordonnances sacrées* sont beaucoup moins solidement établies que chez les derniers... En tout cas, il est un fait certain, c'est que les Celtes, les Italiens et les Grecs sont bien plus sévèrement liés dans leurs rapports sociaux par les prescriptions religieuses que leurs cousins les

---

(1) Ces pages sont extraites d'un livre sur la *Philosophie Sociale* que M. le professeur L. Stein, directeur des *Archives de Philosophie*, publiera dans le courant de 1897 en langue allemande. Il a bien voulu les traduire spécialement pour la *Revue Internationale de Sociologie*, avec le concours d'un de ses élèves de l'Université de Berne (René Worms).

(2) « Ce qui unit les membres de la famille antique, c'est quelque chose de plus puissant que la naissance, que le sentiment, que la force physique : c'est la religion du foyer et des ancêtres. Elle fait que la famille forme un corps dans cette vie et dans l'autre. La famille antique est une association religieuse plus encore qu'une association de nature. » *La Cité Antique*, Paris, 1880, chap. II, p. 41.

Germains et les Slaves (1). » « Chez les Ariens, la croyance religieuse en certaines puissances supérieures a été le plus ancien facteur de leur organisation juridique ; plus tard, une tout autre idée du droit s'est introduite chez les Ariens du Sud de l'Europe, notamment celle du droit commun et profane (*bürgerlich weltliches Recht*) (2). » D'un autre côté, Max Müller a montré que les mœurs et les conceptions juridiques ont pour conséquences des réglementations sacrées et des conceptions religieuses (3). L'histoire comparée du droit pourrait bien être à peine capable de trancher la question en discussion. Sans vouloir parler des limites que Leist (4), tout dernièrement, a voulu opposer à l'optimisme très prononcé de Kohler, il n'en reste pas moins un mot de Max Müller (5) digne d'être remarqué, c'est que, par la simple observation et la simple description des mœurs juridiques les plus anciennes, on n'arrivera jamais à découvrir leur dernière origine d'une manière scientifique et probante.

En conséquence il ne nous reste qu'une voie à suivre, nous voulons dire la *voie psychogénétique* qui est celle que nous avons adoptée pour expliquer les autres fonctions sociales. L'instinct de la reproduction auquel le communisme sexuel des temps primitifs se révéla comme étant nuisible, a fait naître la conception de la sélection sexuelle et l'a imposée de plus en plus. Le sentiment de la faim qui, avec le temps, a jugé insuffisante la manière primitive de se satisfaire, a mûri la notion de la possession et a conduit à l'idée de la propriété. L'instinct de la conservation de la vie et de la santé de l'individu propre, en face des intérêts en lutte par suite de la vie en commun, a créé un type bien arrêté de défense, lequel a entraîné la conception de la vengeance, qui s'est elle-même déposée dans la loi du talion, première forme de la réglementation sociale répressive.

La méthode psychogénétique que nous avons adoptée jusqu'ici nous oblige à observer les *sentiments religieux* à leur naissance, à l'instant même où ils apparaissent.

---

(1) Leist, *Graeco-italische Rechtsgeschichte.*
(2) Leist, *Alt-arisches Jus Gentium*, p. 580, p. 7.
(3) Max Müller, *Natural Religion*, Gifford Lectures, London, 1889, p. 522 ; v. le chap. « Customs generating Religious ideas. »
(4) *Id.*, p. 585, ss.
(5) *Id.*, p. 520. « It is difficult for travellers to observe and describe customs and laws correctly ; it is still more difficult for the student to discover their real origin and their true purpose. »

D'après le principe présupposé de l'inertie psychique que nous avons admis, et dont la conséquence naturelle est l'adaptation aux phénomènes psychiques du principe de la plus petite unité de force (*Kraftmass*), nous devons rechercher maintenant l'occasion pressante qui a conduit les hommes primitifs à la formation des notions religieuses. Aussi bien que pour les manifestations parallèles des fonctions de la vie sociale que nous avons étudiées, nous devons voir cette occasion dans la faculté d'adaptation de l'homme au milieu ambiant. Car les réglementations sociales n'apparaissent qu'au moment où surgissent des sources de conflits inévitables, lesquelles sont amoindries ou diminuées par la création d'ordres impératifs. Ces sources de conflits inévitables desquelles découlent les autres fonctions, nous les avons déjà indiquées. Parmi elles, nous mentionnerons : la lutte pour l'*existence des sexes*, la lutte pour l'*existence économique*, la lutte pour la *position dans la société et dans l'État*, la lutte pour la *forme de communication de ses pensées au moyen de la langue*, enfin la lutte pour l'*affirmation* et pour la *sûreté* de la *personnalité propre* en face des autres objets vivants ou inanimés.

Quel peut bien être parmi toutes ces formes de lutte le motif pressant qui a amené les premiers hommes à forger une arme nouvelle dans la formation de leurs *conceptions religieuses*? Si toute réglementation sociale, selon sa nature, est un moyen plus ou moins conscient d'apaiser ou même de prévenir les combats qui nous attendent, on se demande quels sont proprement la cause première et le propagateur permanent de cette lutte au sein de laquelle toutes les religions de la terre cherchent à se garer, comme d'un ennemi commun, par des réglementations cérémonielles les plus variées, étant donné que, partout où nous trouvons des hommes, apparaissent des traces d'un culte religieux, quelque rudimentaire qu'il soit. Nous ne pouvons chercher cet agent commun dans la nature qui nous environne et qui tombe sous nos sens, déjà pour la bonne raison que les peuples primitifs l'ont conçu sous les *formes les plus diverses*, et l'ont traité aussi par les moyens de combat les plus divers, en rapport avec leurs conceptions. Pour arriver à le découvrir, il faut donc aller audelà de ces sources de conflits auxquelles sont dues toutes les conceptions religieuses qui ont été imaginées, il faut faire intervenir des puissances surhumaines et surnaturelles. Si le droit est l'expression adéquate des réglementations sociales pour la lutte avec des puissances *visibles*, rapprochées et qu'on peut vaincre, la religion, sous tous ses aspects, est l'expression bien imparfaite de la lutte avec des puissances *invisibles*, dont on ne peut pas se rapprocher, et qu'on ne peut vaincre avec les armes ordinaires. On ne saurait mettre en doute l'existence de ces dernières, puisqu'elles sont prouvées par les manifestations du jour et de la nuit, de la lumière et des ténèbres, du vent et de la tempête, du tonnerre et des éclairs, des pluies et de la grêle, des inondations et des tremblements de terre, des fleuves et des mers, du soleil et de la lune, des astres grands et petits, des épidémies, des calamités de toute sorte, etc., manifestations qui ont frappé la conscience naissante de l'homme. Peut-être aussi, dans les commencements, les hommes ont-ils essayé de combattre ces puissances au moyen de leurs armes ordinaires (1), ainsi que fait l'enfant qui châtie la chaise contre laquelle il s'est donné un coup, ou ainsi que Xerxès qui fit fouetter les eaux de l'Hellespont.

Mais les expériences les plus élémentaires ont dû prouver bien vite aux hommes l'insuffisance et l'inefficacité de leurs armes ordinaires contre de telles puissances. De l'idée de l'impuissance complète de l'homme en face de ces puissances surnaturelles, idée qui mûrit lentement, mais qui ne l'emporte pas moins, quoique au milieu de grincements de dents, de cette idée de l'impuissance de l'homme, naît d'abord la crainte, puis l'adoration de ces forces. Les phénomènes de la nature, qui ont une action nuisible ou funeste, causent le plus souvent un sentiment d'angoisse intense, tandis que les phénomènes, qui ont un effet salutaire ou bienfaisant, éveillent chez l'homme, il est vrai, d'abord un sentiment de crainte qui se transforme cependant peu à peu en hommage respectueux et en adoration.

Cette définition psychogénétique de la religion, qui est nôtre, est assez étendue pour contenir les quatre théories qui règnent actuellement en ce qui concerne la naissance de la religion : l'animisme de Tylor et de Lippert, la théorie du rêve et des esprits de Spencer, le fétichisme de Comte et de ses successeurs, le totémisme de Gruppe. Elle exclut par contre la théorie singulière de A. Rauber, d'après laquelle l'État seulement serait proprement le créateur de toute civilisation et de toute religion. Elle exclut également la manière de voir

---

(1) Comp. Edward B. Tylor, *Les origines de la civilisation*, chap. IX ; John Lubbock, *Les temps préhistoriques*; Herbert Spencer, *Principes de Sociologie*, tome I ; Chantepie de la Saussaye, *Lehrbuch der Religionsgeschichte*, 1er vol., p. 21 ss. ; M. Müller, *Natural Religion*, p. 161 ss.

de Mortillet qui prétend que la religion est d'invention relativement récente, vieille environ de 15.000 ans, pendant que l'homme
aurait vécu 220.000 ans sans religion (1). L'opinion de Rauber, qui
est aussi à la base de l'hypothèse de Mortillet, a été représentée déjà
par le sophiste ancien Critias. Selon Zeller, Critias a énoncé sa
théorie de la manière suivante : « Au commencement, les hommes
ont vécu, comme les animaux, sans lois et sans ordre. Puis des lois
pénales ont été établies pour se protéger contre les violences. Mais,
comme ces lois ne pouvaient réprimer que des crimes manifestes et
publics, un sage de génie est apparu qui aura commencé à parler
des dieux puissants et immortels, qui voient ce qui est caché, et qui
peuvent préserver les hommes des injustices secrètes. Pour aug-
menter la crainte de ces dieux, il leur aura assigné les cieux comme
demeure » (2).

Notre définition rejette encore plus expressément l'opinion de Lubbock d'après laquelle la plupart même des peuples sauvages seraient
sans religion. En laissant de côté les objections de Roskoff et de Tylor qui ont vivement combattu Lubbock, lequel a mal compris le
mot religion d'après notre ample définition qui comprend en elle
toutes les manifestations, quelles qu'elles soient, des rapports de
l'homme avec des puissances supérieures, il va de soi que dans ce
sens, les peuples que Lubbock considère comme sans religion, en ont
déjà une cependant. Et la notion de la religion doit être, en effet,
assez étendue pour qu'elle puisse contenir toutes les réglementations
des rapports de l'homme avec les puissances qui le dépassent, si
rudimentaires soient-elles, et pour qu'elle n'exclue pas les religions
athées, comme par exemple le bouddhisme (3).

L'antiquité n'a pas manqué de définition psychologique de la religion, pas plus que notre époque ne manque de définitions animistes,
lesquelles ne sont au fond que des définitions psychologiques. Chez
les Anciens, le sophiste Prodicus fut le représentant typique de
l'Animisme. D'après Zeller, il explique, comme suit, l'origine de la
croyance aux dieux : « Les hommes de l'antiquité la plus reculée
ont tenu pour des dieux, le soleil et la lune, les fleuves et les sources,

---

(1) Comp. Chantepie de la Chaussaye, *ouv. cité*, p. 19.
(2) Zeller, *Die Philosophie der Griechen*, 4ᵉ édit., 1ʳᵉ partie, p. 1010. App.
sur Sext. Math., ix, 54; Pyrrhus, iii, 218 et Plut., de Superstit., xiii, p. 171.
(3) Sur le caractère athée du bouddhisme, voir Max Müller, *ouvr. cité*,
p. 28, 93-107, 104 ss.

et, en général, tout ce qui nous est utile, de même que les Egyptiens regardaient le Nil comme un dieu. C'est pourquoi le pain fut adoré sous le nom de Déméter, le vin, sous celui de Bacchus, l'eau, sous celui de Neptune, le feu, sous celui de Vulcain. » (1)

La manière de voir, représentée par Peschel, d'après laquelle les religions ne seraient dues qu'à certains motifs d'ordre psychologique et en particulier au besoin impérieux d'expliquer le principe de causalité, paraît avoir eu, comme modèle inspirateur, le célèbre aphorisme des Anciens : « Primus in orbe Deos fecit timor ». (2) A cette explication psychologique, qui nous semble reposer sur la confusion de la cause et de l'effet, nous opposons intentionnellement, et après y avoir mûrement réfléchi, notre explication psychogénétique. Ce n'est pas la crainte qui a enfanté les dieux, comme le veulent Lucrèce et un nombre considérable de penseurs après lui, mais bien au contraire les dieux qui ont fait naître la crainte. Le sentiment de la crainte peut apparaître seulement après des expériences qui ont produit les conceptions des influences nuisibles ou dangereuses exercées par certains objets et certains phénomènes. Car on a toujours peur de quelque chose, quand on a peur. Ce « quelque chose » est en conséquence non seulement le précédent, mais la condition causale de la naissance du sentiment de la peur. C'est ainsi qu'un enfant, né de parents civilisés, quoiqu'il ait les émotions prédisposées dans son cerveau, est tellement indécis, tellement peu sûr dans l'emploi de ses affections, qu'il tend deux ou trois fois la main vers le feu, jusqu'à ce qu'il se soit brûlé. Alors naît la crainte du feu. Comme le feu est d'abord la cause, puis l'antécédent de la *peur du feu*, de même les puissances surnaturelles sont le moment causal et occasionnel de la crainte des dieux.

Quand Feuerbach, dans sa philosophie de la religion, voulant corriger l'Ancien Testament, vient nous dire que Dieu n'a pas créé l'homme à son image, mais que bien plutôt l'homme a créé les dieux à son image, à lui, il est resté à mi-chemin, au point de vue psychogénétique. Son homme est aussi bien l'homme de la civilisation que

---

(1) Voir Zeller, *ouvr. cité*, p. 1012. Appuyé sur Sext. Math. ix, 18, 51 s s.; Cic., N. D., 1, 42, 118.

(2) Cette proposition n'est pas de Lucrèce, comme on le croit souvent, mais de Stace. Thebais (iii, 661). Voir Chantepie de la Saussaye, *ouv. cité*, p. 22.

ses dieux anthropomorphes sont les produits d'une civilisation arrivée comparativement à un très haut degré de perfection.

Mais celui qui, avec nous, veut creuser psychogénétiquement le problème assez profondément, et donner à la notion de la religion assez d'ampleur, pour pouvoir y faire rentrer même les peuples soi-disant sans religion, d'après Lubbock, celui-là devra adopter la proposition de Max Müller qui est en opposition avec Feuerbach *Nihil est in fide, quod non ante fuerit in sensu* (1). Mais Max Müller, lui aussi, a négligé de tirer de sa théorie les dernières conséquences. S'il n'y a pas dans l'entourage de l'homme des raisons pressantes, déterminantes, les *sens* ne sont pas en mesure de servir d'armes dans la lutte pour l'existence. Nous devrons expliquer psychologiquement la naissance de la religion comme celle du droit. On ne doit concevoir la naissance du sentiment de la vengeance, dont le droit est l'expression abstraite, que comme précédée de collisions qui ont provoqué ce sentiment. Si les collisions avec des puissances *visibles* engendrent le *sentiment de la vengeance*, celles avec des puissances *invisibles* — qu'elles soient imaginaires ou réelles, qu'elles soient symboliquement personnifiées ou purement abstraites, — engendrent le sentiment de la *crainte*. Dans les deux cas, les collisions constituent le précédent (*prius*) et les sentiments qui en découlent, le conséquent (*posterius*).

La théorie des dieux anthropomorphes de Feuerbach, que Schiller, bien avant lui, avait résumée dans cette belle phrase : « L'homme se peint dans ses dieux », a son origine dans l'antiquité, comme la plupart des théories sur la source de la propriété, du droit, de la morale et de la religion. L'Éléate Xénophane disait déjà, devançant la formule de Feuerbach : « Chacun se représente les dieux à sa façon, c'est-à-dire, comme il est lui-même : le nègre, noirs avec le nez épaté, les Thraces, avec les yeux bleus et les cheveux roux ; et si les chevaux et les bœufs pouvaient peindre, ils représenteraient, sans aucun doute, leurs dieux sous forme de chevaux et de bœufs (2) ».

Le défaut capital de la théorie si exclusive de l'anthropomorphisme, c'est la transposition en un précédent, d'un conséquent qui ne s'est développé comparativement que très tard. L'adoration de blocs, d'arbres et de pierres (3) est apparue infiniment plus tôt, par exemple,

---

(1) Voir Max Müller, *Natural Religion*, p. 115.
(2) Voir Zeller, I, 490.
(3) Tylor, *ouvr. cité*, vol. II, chap. xiv.

que le gouffre de la nuit et la de mort, l'œil du Ciel, l'œil d'Odin et des Graies (1). Il se peut, en somme, que l'homme, dans un stade plus avancé de puissance d'abstraction religieuse, se soit senti de plus en plus digne d'être l'objet d'une déification, mais il faut cependant admettre un nombre infini de degrés intermédiaires; il faut admettre ensuite qu'un grand nombre de conceptions beaucoup plus concrètes ont précédé les conceptions très raffinées et très élevées de l'invisible. Dans la théorie du macrocosme et du microcosme, nous rencontrons la première et la plus forte expression (2) de cette transposition et de cette projection dans le monde de l'invisible, des attributs et des qualités les moins nobles d'abord, puis des qualités et des attributs plus nobles de l'homme. C'est seulement chez les peuples qui ont appris à considérer *l'esprit* comme étant l'une des formes les plus élevées de l'activité humaine, que la crainte a passé au rang sublime d'adoration, que les dieux sont devenus des esprits, comme l'esprit est devenu Dieu. De même que nous voyons l'origine de la loi du talion se perdre dans notre conception actuelle du droit, de même l'origine du sentiment de la crainte se trouve voilée dans l'idée de Dieu, telle que se la font les peuples avancés en civilisation. L'échelle de développement nous conduisant au degré le plus élevé du raffinement et de l'abstraction, nous devons retourner au degré le plus inférieur, c'est-à-dire à l'origine de tous les sentiments religieux. De même que les sentiments de vengeance n'ont pu naître que provoqués par les collisions inévitables des individus avec des puissances visibles, par suite de circonstances déterminantes, de même les sentiments de crainte ne peuvent être regardés comme l'origine des sentiments religieux que s'ils sont dus au concours de circonstances, résultant des collisions également inévitables de l'homme avec des puissances surnaturelles. Il faut remarquer cependant que, pour venir à bout des collisions avec les forces invisibles, nous devons supposer à l'homme un degré plus élevé de puissance d'abstraction que pour arriver à se rendre maître des collisions avec les forces visibles. En conséquence, la question que nous posions au début du présent article, à savoir, si le sentiment du droit précède ou suit le sentiment religieux, devra être résolue psychogénétiquement en faveur de la priorité du sentiment du droit. Ce qui est plus

---

(1) Tylor, *ouvr. cité*. vol. I, chap. IX.
(2) Voir appendice au 1er vol. d. m. ouvr. sur la *Psychologie des Stoïciens*.

concret va toujours avant ce qui l'est de moins en moins, avant ce qui devient de plus en plus abstrait. C'est même le concret qui prépare et crée à l'abstraction la possibilité de l'existence. Dans la même mesure où le besoin de vengeance concret a trouvé son expression ordonnatrice dans la loi primitive du talion, au fur et à mesure que l'homme est arrivé à une connaissance intime plus profonde, l'association des idées conduisit de la réglementation avec les puissances visibles à la réglementation avec les puissances invisibles. En *droit*, l'expression de cette réglementation est la *punition*, et en *religion*, le *sacrifice*. Si ces sentiments se *subliment*, — s'il est permis d'employer cette expression, — de plus en plus complètement au point de vue psychologique, nous arrivons en droit à la conscience et à la science du droit, et en religion, à l'adoration publique et à l'adoration intérieure. De même que nous ne nous représentons pas aisément l'homme civilisé de notre époque sans conscience du droit, -- le psychopathe ne traite-t-il pas d'anomalie pathologique (moral insanity) un individu pareil, lorsqu'il s'en produit? — de même nous ne pouvons, en nous plaçant au point de vue philosophique, expliquer l'athée qui veut être conséquent, que comme une victime de l'irraison ou que comme une anomalie psychique. Les sentiments religieux se développant en nous aussi naturellement que les sentiments du droit, on ne peut écarter totalement la vie religieuse que par un échafaudage de raisons enfantines et mutines ou un défaut de logique. Il n'est plus nécessaire de réfuter sérieusement l'opinion (1) d'après laquelle la religion serait une illusion, une affection maladive semblable à la névrose ou à l'hystérie ou autres maladies de ce genre, opinion qui est en opposition avec la psychologie aussi bien qu'avec l'histoire comparée des religions. Sans doute, dans l'état actuel de la civilisation, il est possible d'élever un individu isolé, soi-disant sans religion, par pur fanatisme d'athée, et même avec un certain succès, au point de vue psychique. Ne voit-on pas des estropiés et des avortons venir au monde, et ne les voit-on pas réussir à se faire des relations agréables avec leurs semblables? Ne voit pas également se produire des individus qui s'infligent des mutilations à eux-mêmes? Mais de même qu'il faut une culture proportionnée pour arriver au plein développement d'une personnalité, faire appel à toutes nos facultés aussi bien physiques

---

(1) Indiquée dans Chantepie de la Saussaye, *ouvr. cité*, p. 22.

que psychiques, de même il faut qu'une personnalité complète, si elle veut durer, entretienne certains rapports avec l'inconnaissable et l'insaisissable. Ainsi Mill, élevé sans religion, a retiré comme le résultat le plus clair de sa grande expérience du monde et de la vie ses trois fameux traités « *sur la religion* » qui aboutissent à la suite d'idées que voici : « Si les conclusions, auxquelles nous ont conduit les recherches qui précèdent, sont justes, il nous reste une preuve assez concluante, sinon tout à fait concluante. Elle est tirée de la création, non de l'univers, il est vrai, mais de l'ordre actuel des choses, par un esprit intelligent, dont la puissance sur la matière n'est pas absolue, dont l'amour pour ses créatures n'a pas été le seul motif agissant, mais qui n'en a pas moins voulu leur plus grand bien (1)...

« Tout le domaine du surnaturel est ainsi soustrait à la croyance, qui est remplacée par une simple espérance, dans laquelle, pour autant que nous pouvons nous en rendre compte, elle se fixera pour toujours, car nous pouvons difficilement admettre, ou bien, que nous arriverons jamais à connaître d'une manière positive et certaine l'intervention directe de la volonté divine dans la destinée humaine, ou bien, que nous trouverons des raisons qui nous décideront à rejeter dans le domaine de l'impossible la réalisation des espérances de l'homme à cet égard (2). »

Ayant établi que la *forme* de toute religion est la réglementation de nos rapports avec des puissances surnaturelles, soit qu'elles existent réellement, soit qu'elles existent par une nécessité de penser, il nous reste à rechercher ce qui fait le *fond* de toutes les religions. En réservant des degrés dans la faculté d'abstraction, les âmes des morts, les forces de la nature, les puissances morales, les dieux, Dieu, et enfin la formule abstraite des lois impérieuses de la nature, voilà ce qui fait le fond de toutes les religions, qui se mélangent, se succèdent ou se remplacent. Avec une conscience qui grandit de plus en plus, les religions exigent alors que l'on reconnaisse, dans leurs philosophies, non seulement la *réalité* mais encore la *vérité logique* de leurs notions de Dieu. Étant donné que nous avons assumé la tâche de trouver une explication psychogénétique de toutes les religions, nous n'avons pas à nous prononcer sur la vérité lo-

---

(1) Voir par exemple, John Stuart Mill, *Autobiographie.*
(2) Mill. *Sur la Religion,* p. 201, 202 de la traduction allemande.

gique des différentes notions de Dieu. Bien plus, nous avons à nous occuper seulement de la réalité psychique de l'origine des sentiments religieux chez tous les peuples connus. De même que nous abandonnons le *fond du droit* aux historiens et aux philosophes du droit, de même, nous laissons aux représentants de l'histoire comparée des religions (1), ainsi qu'aux théologiens spéculatifs (2) et aux philosophes de la religion (3), le soin d'étudier la vérité logique des différentes religions.

Nous avons affaire ici beaucoup plus à la source dernière des motifs des conceptions religieuses, qu'aux phases de développement de conceptions religieuses toutes formées. S'il nous est défendu de pénétrer dans les profondeurs intimes de cette source de motifs essentiellement psychiques, par le fait que la méthode d'analyse psychogénétique rencontre des difficultés insurmontables dans l'étude des éléments inconscients de la vie de l'âme, nous pouvons cependant, d'autant plus sûrement, découvrir les *facteurs extérieurs* qui déterminent une certaine direction dans le développement de cette vie de l'âme. Nous ne devons pas chercher *du dedans au dehors*, c'est-à-dire dans l'analyse des sentiments humains, l'origine des conceptions religieuses et des autres conceptions qui concourent à la sociabilité des hommes, mais au contraire *du dehors au dedans*, c'est-à-dire dans les conditions extérieures accessibles qui ont évidemment fait

---

(1) Chantepie de la Saussaye, *Lehrbuch der Religionsgeschichte*, II⁰ v., Fribourg, 1887; Tiele, *Geschiedenis van den Godsdienst*, Amsterdam, 1876; Lippert, *Die Religion der europäischen Culturvölker*, Berlin, 1881; Fr. Schulze, *Der Fetischismus, ein Beitrag zur Anthropologie und Religionsgeschichte*, 1871; Max Müller, dans une série de publications souvent rappelées; le grand ouvrage de Tylor; Spencer, *Principes de Sociologie*, vol. I, chap. VIII ss; E. Caird, *The evolution of Religion*, 2 vol., Glasgow, 1893; B. Kidd, *l'Evolution sociale*, 1895, chap. V; voir particul. la compilation : *Religious Systems of the world, a contribution to the study of comparative Religion*, Londres, 1892.

(2) G. Ch. B. Pünjer, *Geschichte der christl. Religions philosophie seit der Reformation*, 2 vol., 1880-1883; O. Pfleiderer, *Geschichte der Religions philo phie von Spinoza bis auf die Gegenwart*, 3⁰ éd., Berlin, 1892.

(3) A mentionner, parmi les plus récentes publications sur la philosophie de la religion : Rauwenhoff, *Religionsphilosophie*, trad. all. de Hanne, 1894, Brunswick; Hermann Siebeck, *Lehrbuch der Religions philosophie*, Fribourg, 1893; Paul Natorp, *Religion innerhalb der Grenzen der Humanität*, Fribourg, 1894; Günther Thiele, *Die Philosophie des Selbstbewusstseins und der Glaube an Gott, Freiheit, Unsterblichkeit*, Berlin, 1895; R. S. Perrin, *The Religion of Philosophy*, Londres, 1885.

naître ces sentiments. L'analyse historique comparée nous fourni s
les éléments empiriques pour la recherche de ces facteurs extérieurs
qui ont conduit l'homme, luttant pour l'existence, aux sentiments
qui y correspondent.

Vue sous cette angle, apparaît éclairée d'un jour tout nouveau,
l'ancienne question de savoir si, comme l'admet Feuerbach, ce sont
les hommes qui ont formé les dieux d'après leur propre personalité,
ou bien, si, comme l'affirme Descartes, c'est Dieu qui, au contraire.
a donné à l'homme, en le créant, la notion de Dieu. Que l'on con-
çoive Dieu, par exemple, d'une façon abstraite, comme étant la
somme de toutes les puissances surnaturelles, ou bien, d'une façon
concrète, comme l'ensemble ou la totalité de toutes les lois naturelles, il n'est pas nécessaire d'entrer dans de longues explications
pour faire saisir que, non seulement ces puissances ou ces lois précèdent dans le temps les conceptions religieuses des individus, et
rendent leur existence possible, mais encore qu'elles sont la cause
essentielle des conceptions religieuses des individus. Comme l'homme
ne put jamais se soustraire aux influences de ces puissances, respectivement, de ces lois, il était inévitable, qu'avec une conscience crois-
sante, le sentiment de sa dépendance s'éveillât et se fortifiât. Les
stades de l'animisme, du fétichisme, du totémisme, de la théorie du
rêve et des esprits de Spencer, au point de vue psychogénétique,
sont secondaires et non primaires, de leur nature. L'attribution d'une
âme à la nature, la personnification du rêve, le culte des aïeux, la
croyance aux esprits, etc..., nous représentent, par degrés, seulement les différentes sortes de variations de cette forme supérieure
de toute religion que nous avons définie comme étant la réglementation des rapports de l'individu avec le surnaturel, que cette réglementation soit consciente ou inconsciente. Ainsi compris, ces premiers mouvements du sentiment de la crainte du surnaturel, sont un
précédent par rapport aux moments qui jouent par la suite un rôle
conditionnel dans l'évolution des sentiments religieux (animisme,
fétichisme, etc.), mais ils ne constituent pas un précédent absolu. Si
le sentiment de la crainte fait naître le fond des conceptions religieuses, il est lui-même, de son côté, le produit de ces puissances
ou de ces lois dont l'homme primitif a dû sentir les influences d'une
manière continue. Sous cette impression vague d'opposition, l'homme
cherche à se protéger et à s'armer contre ces influences, aussi bien
que contre les attaques des puissances visibles et tangibles. Ces
armes, créées dans la lutte et pour la lutte contre ces puissances,

sont d'abord d'une concrète naïveté et d'une maladresse enfantine, et ressemblent passablement aux ustensiles en pierre et aux habitations de l'époque lacustre, qui constituaient les armes primitives dans le combat pour l'existence matérielle. Nous laissons à l'imagination du lecteur le soin de tirer le parallèle entre le développement de nos moyens actuels de lutte et ceux de l'époque lacustre pour l'existence matérielle, d'une part, et, d'autre part, entre notre adoration moniste actuelle de Dieu et celle qui s'adresse à des arbres, à des troncs ou à des pierres.

Si nous voulons résumer la discussion, nous dirons que la divergence qui existe entre Feuerbach et Descartes à propos de l'origine de la conception de Dieu, peut se résoudre, peut-être, comme suit : les anthropomorphies et les anthropopathies qui existent incontestablement au sein des systèmes de religion *les plus élevés*, systèmes que Feuerbach peut avoir pris comme point de départ, ne représentent justement pas, comme il l'entend, *l'origine*, mais au contraire, une *forme de développement* relativement tardive dans le processus d'abstraction des sentiments religieux qui se transforment peu à peu en conscience religieuse. Descartes a raison, contre Feuerbach, en ce sens, que ce n'est pas l'homme, mais Dieu lui-même, qui est la cause dernière de la notion de Dieu, pour autant qu'on admet avec nous que Dieu est la somme de toutes les forces surnaturelles dont l'activité combinée n'explique pas seulement l'être (*Dasein*) mais la forme sous laquelle il apparaît (*Sosein*), dont l'activité même est la condition essentielle. Seulement le Dieu un, compris ainsi que notre besoin d'unifier nous oblige à le concevoir, de même qu'il nous oblige à concevoir les différentes abstractions unifiées sous les noms de droit, État, langue, mœurs, nature, monde, etc., ce Dieu n'est pas le motif *immédiat* de la notion de Dieu pleinement développée quant au fond, comme le voudrait Descartes ; mais, envisagé psychogénétiquement, il est seulement la *condition formelle* de la naissance du sentiment, de la crainte des puissances surnaturelles, et en même temps aussi, la *cause médiate* des notions primitives de Dieu, puis, par la suite, des conceptions plus élevées de Dieu. Si la méthode *anthropologique* employée par Feuerbach a réussi à soulever un coin du voile qui cache l'origine des religions, pour autant qu'il s'agit des systèmes de religion déjà passablement développés, la *méthode théorique de la connaissance*, qui est celle de Descartes, a poursuivi et formulé avec bonheur le problème, sans avoir pénétré toutefois jusque dans la genèse même, et en particulier, elle a opéré avec une notion pleinement développée quant au fond. Par la méthode psychogénétique adoptée jusqu'ici, nous allons essayer de saisir le problème dans ses racines les plus profondes. Nous examinerons pour cela les premières manifestations des sentiments religieux et nous tâcherons de les exprimer dans une formule commune qui les réunisse toutes. Et ainsi notre synthèse psychologique confirmera et complétera l'analyse de la notion de Dieu telle que l'a faite Descartes, en se basant sur la théorie de la connaissance. Seulement, vu son origine, cette idée de Dieu n'est pas pour nous, comme pour Descartes, une *idée innée*, mais bien plutôt une émotion éveillée en nous par l'action de Dieu, qui se transforme, au fur et à mesure que la connaissance grandit en l'homme, en sentiments religieux, et qui se précise en notions de plus en plus claires, lesquelles se condensent dans la suite des temps en idées de Dieu, positives et révélées au point de vue religieux, et claires au point de vue philosophique.

Ayant ainsi trouvé une formule psychogénétique pour l'origine de toutes les religions, il nous reste encore à définir l'essence de la religion comme *fonction sociale*. Caractériser tout simplement son essence, ce serait examiner sa vérité logique. N'est-ce pas là la tâche d'une philosophie de la religion plutôt que celle d'une philosophie sociale ? Nous avons à nous occuper ici seulement de la valeur sociologique de la religion, pour autant que celle-ci peut être un agent de sociabilité. Si la sociabilité consiste dans l'adoucissement d'émotions brutalement désordonnées pour faciliter à l'homme la vie en commun, il est clair que les sentiments religieux, dans toutes leurs nuances, ont été l'un des plus puissants moyens, sinon le plus puissant moyen d'adoucir et d'harmoniser les rapports des hommes entre eux, au milieu de leurs luttes brutales pour l'existence. Suivant en cela Saint-Augustin et d'autres Pères de l'Église, Lessing a très bien nommé la religion « l'Éducatrice du genre humain ». Aucune des autres fonctions sociologiques ne peut être comparée à la religion, quant à l'importance du rôle qu'elle joue au point de vue pédagogique social et au point de vue de la conduite du genre humain. Car toutes les autres fonctions de la vie sociale ont rapport en majeure partie aux actions humaines visibles, et celles qui tombent sous le coup du contrôle public, tandis que les religions et les notions morales qui en découlent font essentiellement et de préférence, des actions et des fautes cachées des hommes, l'objet d'une réglementation. Une vie commune paisible, reposant sur une confiance réciproque, n'étant possible entre les hommes que lorsque des forces ont été inventées et organisées, et que celles-ci ont le pouvoir de punir non seulement les fautes publiques relativement peu nombreuses, mais aussi les fautes cachées dont le nombre est beaucoup plus grand, la religion, on ne peut en douter, a contribué infiniment plus que toutes les autres fonctions sociologiques à faire progresser la sociabilité.

Avec la religion, du reste, commence le processus de spiritualisation de la sociabilité. Tandis que les fonctions traitées jusqu'à maintenant avaient pour objet, en première ligne, la réglementation des rapports *corporels* ou *physiques* des hommes entre eux, la religion commence à tisser des fils spirituels entre les intérêts psychiques des individus. Un culte commun des aïeux, et les traditions mythologiques qui en découlent, forment des liens spirituels, invisibles et délicats, entre les individus. Les associations religieuses servent de modèle à toutes les associations qui se forment ensuite, pour des motifs psychiques. Comme telles, nous pouvons citer les sociétés politiques et nationales, les sociétés scientifiques et artistiques, les sociétés professionnelles, les sociétés qui ont un but plutôt récréatif et éducatif (*gesellige Vereinigungen*), les sociétés économiques de toute sorte, etc. La *solidarité nationale des individus* n'a été réalisée par l'État que tardivement et violemment, au prix du sang et au moyen du fer, tandis que, bien longtemps avant, la *solidarité religieuse* a été atteinte par la religion avec des moyens calmes et doux. Mais le sentiment de la solidarité est la condition première de toute solidarité qui va se développant et s'élevant avec le temps. Que devons-nous donc aux religions ? Tout. Les peuples, soi-disant sans religion, d'après Lubbock, sont en même temps sans histoire et pas du tout susceptibles de civilisation. Les religions ont rendu à certains peuples le même service que les hommes ont rendu à certaines espèces d'animaux ; elles les ont domptés, attachés à la glèbe, *domestiqués !* La religion a été l'arme la plus efficace que l'homme s'est forgée dans la lutte contre la bête humaine, pour assurer son existence spirituelle.

A la recherche de l'origine et de l'essence sociale de la religion se rattache naturellement celle de la tendance commune de toute évolution religieuse. De même que nous avons été en mesure de découvrir une certaine direction dans l'évolution du droit et de la langue, de la société et de l'État, de la propriété et du mariage, de même nous aurons à suivre, dans les grands traits, la marche de l'évolution religieuse. Nous espérons bien qu'on n'exigera pas de nous une analyse comparée du fond de la religion des Chinois et des Égyptiens, des Babyloniens et des Assyriens, des Hindous et des Persans, des Grecs et des Romains, ou bien des trois religions monothéistes. Ici nous n'avons jamais à nous occuper du *fond*, mais bien de la *forme* des fonctions sociales (1). Et ainsi les différences dogmatiques innombrables entre les religions particulières nous inquiètent peu, tandis qu'ici ce sont seulement les *tendances psychiques générales* et l'*action sociale* de toutes les religions qui en découle qui nous intéressent.

Un coup d'œil rapide jeté sur les formes de développement des religions principales de la terre (2) nous fera déjà voir que les formations religieuses, aussi bien que les autres formations sociales déjà étudiées, vont du simple au composé. De l'idolâtrie, de l'adoration commune de pierres saintes, d'arbres et d'animaux, on arrive à un degré plus élevé de manifestation des sentiments religieux, à l'adoration des forces de la nature, d'hommes remarquables (héros), jusqu'à cette abstraction : les dieux et la divinité. On trouve des degrés semblables dans le perfectionnement des moyens d'adoration. On commence par la magie et la divination, puis on monte aux sacrifices (d'abord d'hommes, puis d'animaux) et aux prières, enfin on arrive aux lieux saints où l'on voit les gens rassemblés autour de personnes saintes, à certaines époques saintes. Ces réunions sont, dans de grandes proportions, les premières formes d'un action psychique commune. « La communauté du culte est la partie la plus importante de l'organisation de la société humaine dont elle nous parait être la base bien plutôt que la conséquence » (3). Les dieux de famille se transforment peu à peu en dieux de peuple, de même que nous voyons le culte de race passer au rang supérieur de culte d'État.

---

(1) Voir Chantepie de la Saussaye, *ouvr. cité*, vol. I, p. 35 ss. Sur la *classification* des religions d'après le *fond*, Kuenen est le premier qui ait opposé les religions *universelles* aux religions *nationales*. Tiele remplaça cette division par la distinction entre religions *naturelles* et religions *éthiques*. Hegel et Ed. de Hartmann ont établi des schèmes de classification que Chantepie esquisse brièvement, p. 40.

(2) Voir Chantepie de la Saussaye, *ouvr. cité*, vol. I, p. 41. Des 1,435 millions d'habitants, nombre auquel on arrête la population du Globe, 1,200 millions appartiennent aux religions avancées, tandis que le nombre des fétichistes est évalué à 234 milions soit 16,4 0/0.

(3) Chantepie de la Saussaye, p. 132.

L'arbitraire dans la réglementation des cultes privés est supprimé
à l'apparition d'un clergé proprement dit, et remplacé par des ordonnances religieuses sociales bien arrêtées. Nous rencontrons le premier
dépôt de cette réglementation religieuse sociale dans les livres saints
des huit religions principales (1).

On pourrait peut-être assigner au clergé dans la création de la fonction sociale et de la religion, à peu près la même place qu'aux grammai-
riens dans les langues, aux législateurs dans le droit, aux capitaines
dans les guerres, ou bien aux princes et aux magistrats dans l'admi-
nistration de l'État : la mission commune de ces fonctionnaires
sociaux est d'établir des impératifs *généraux*, des mesures vastes,
à longue portée, pour remplacer le chaos des réglementations *par-
ticularistes* et par suite arbitraires des individus, réglementations
maladroites qui s'entre-croisent et s'entre-choquent. Il se forme
proprement un État religieux (théocratie du Mosaïsme) et dans le
Moyen-Age chrétien naît l'idée d'un « État de Dieu » en même temps
qu'un droit canon propre qui a laissé une empreinte dans le titre
encore en usage maintenant de « Doctor juris utriusque ». De sorte
que le processus de l'évolution religieuse se manifeste comme la
victoire de plus en plus grande de la *légalité* sur *l'arbitraire*, de
l'égalité sur la *liberté individuelle*, du *genre humain* sur *l'espèce*.

La tendance d'unification que nous avons déjà constatée dans les
autres fonctions sociales, apparaît aussi dans l'évolution des religions, avec une évidence qu'on ne saurait méconnaître. De même
que des centaines de peuplades, qui se massacraient auparavant
dans des guerres sauvages, en sont arrivées aujourd'hui à former
un État national commun par la tendance d'unification, des centaines
de formes de religions se sont fondues en un petit nombre (huit
types de religions) de formes dans lesquelles elles se sont pour ainsi
dire cristallisées, au moins quant à l'essentiel. Dans le bouddhisme,
le christianisme et l'islamisme s'éveille l'idée d'une *religion universelle* parallèlement à celle de l'*État universel*. Ce que l'Empire romain
a tenté au point de vue *politique*, le catholicisme essaie de le réaliser
au point de vue *religieux*. Les États comme les religions luttent
actuellement pour la domination universelle, ou bien, — ce qui
revient au même pour nous, — pour la domination sur tout le bassin

---

(1) Voir Max Müller, *Natural Religion*, Lecture XX, Sacred Books, notam-
mmet p. **549**.

méditerranéen. Le christianisme et le mahométisme, qui ont mesuré leurs forces au temps des croisades, luttent aussi bien l'un que l'autre pour la domination à la fois politique et religieuse.

La tendance d'unification se manifeste toujours plus clairement depuis la victoire décisive de la civilisation chrétienne sur toutes les autres civilisations anciennes. De même que les grands États nationaux forment des alliances ou des traités internationaux pour des intérêts politiques, civilisateurs ou commerciaux, et créent ainsi un droit international, ainsi se réunissent en associations interconfessionnelles des religions particulières dans des questions de civilisation et d'humanité. Par exemple, on voit se produire, de temps en temps, des tentatives d'union entre les fractions de l'Église chrétienne. Aujourd'hui encore il ne manque pas d'idéalistes de la trempe de Leibnitz qui ne rêvent pas seulement la réconciliation des religions, mais qui l'espèrent dans un temps plus ou moins rapproché. L'idée d'une religion universelle va parallèlement avec celle d'une langue universelle, d'un droit universel et d'un État universel. Les associations internationales nombreuses (comme l'union postale universelle, etc.), le droit international, le Congrès des religions à Chicago (1893) et les tendances d'union plus positives entre les Églises anglicane, grecque et vieille catholique (Congrès de Lucerne, 1895), sont autant de symptômes de ces tendances universalistes. Les *relations des nations* qui se manifestent au point de vue industriel par le commerce et les expositions universelles, conduisent en même temps à la création d'un *droit universel* et à celle d'une *religion universelle*. Comme les peuples civilisés qui habitent les environs de la Méditerranée sont allés de l'idée des *dieux* à celle d'*un Dieu*, ainsi nous verrons les formes d'adoration devenir de plus en plus semblables et se fondre en une seule. C'est ainsi que se manifeste, d'une manière évidente, la tendance de la religion à l'*universalité* comme dernier caractère de la fonction sociale que nous étudions. De même que le droit universel tend à *l'égalité de tous devant la loi*, la direction universaliste des religions va dans le sens de *l'égalité de tous d'abord devant Dieu, puis au sein de leur confession*, enfin de *l'égalité de droits de toutes les confessions*.

Mais l'individu avide de *liberté religieuse*, de *particularisme* et d'*indépendance* s'oppose à cette tendance à *l'égalité et à l'unification religieuse*, qui font table rase des particularités, qui nivellent tout, et détruisent les monopoles religieux. On peut établir une échelle infinie de degrés dans la personnification religieuse, depuis les formes les plus variées sous lesquelles se meurt l'individualité religieuse qui va si loin, dans l'état actuel de différenciation psychique, qu'il existe à peine deux hommes cultivés ayant les mêmes conceptions sur ces notions « Dieu » et « Religion », jusqu'à ces paroles téméraires de l'athée : « La religion peut être synonyme de félicité éternelle; mais je ne veux pas être saint, et cela aussi doit m'être permis dans un État libre ». L'homme civilisé n'abandonnera pas plus volontiers l'*égalité* religieuse, qu'il ne voudra sacrifier la *liberté* religieuse. Et cependant il s'agit ici d'oppositions profondes. Tandis que le caractère universel de toute religion exige ouvertement, de tous les adhérents à cette religion, qu'ils reconnaissent un seul et même Dieu, l'individu psychiquement différencié de l'époque actuelle se fait un Dieu propre tiré de sa personnalité intellectuelle et morale. Ne sommes-nous pas menacés, au sommet de la civilisation, par cette anarchie religieuse sans règle et sans frein que la religion reçut comme tâche de combattre au degré le plus inférieur de la civilisation par la téléologie sociale? Si la religion consiste dans la réglementation des rapports avec le surnaturel, l'individu du temps présent remplace, par l'arbitraire et la licence, les impératifs religieux qui l'avaient lié jusqu'à maintenant. Et la forme fondamentale sociologique consiste, par conséquent, dans la lutte de l'individu pour la personnalité spirituelle et en particulier pour la *personnalité religieuse!* L'individu actuel paraît vouloir épuiser ses forces au point de vue religieux en face du dilemme qui se pose entre *égalité* et *liberté* religieuses.

L'instinct d'unification (1) pousse l'homme à l'unification manifeste du surnaturel, à un seul Dieu abstrait qui apparaît comme la conséquence dernière et inévitable du besoin logique impérieux qui est en nous. Au fur et à mesure que la conscience s'est développée, les peuples ont dû arriver à un Dieu unique comme à la notion contenant et résumant en elle toutes les forces et toutes les lois surnaturelles par la même nécessité psychique qui les oblige à former les notions abstraites de propriété, droit, morale, art, science, humanité, nature, monde, univers, etc., c'est-à-dire grâce à cette tendance immanente qui pousse l'homme vers une connaissance de plus en plus

---

(1) Pour Comte, la philosophie consiste dans l'unification parfaite de toutes les sciences, et Kant fait de « l'unité transcendentale de l'aperception » l'attribut fondamental de l'intelligence humaine.

unifiée et de plus en plus parfaite. En un mot, Dieu est une *nécessité logique de la pensée* pour l'homme habile à penser. Sans vouloir nous immiscer dans l'ancienne querelle entre nominalistes et réalistes, que sophistes et cyniques ont d'abord suscitée hors de propos, à savoir notamment si ces notions abstraites très élevées comme les notions générales sont des *êtres réels* ou de *purs noms* (ce que les nominalistes du moyen âge appellent *flatus vocis*, et ce que Mill appelle « procédé abréviatif de la pensée ») nous devons cependant chercher à mettre à nu les motifs psychologiques et logiques de la crise religieuse qui, en ce moment, règne incontestablement dans toute l'humanité civilisée. Sans cela nous n'arriverions pas à remplir la tâche de notre méthode psychogénétique.

Ces notions abstraites supérieures peuvent être réelles (avec Platon), être même les seules réalités, ou (avec Roscelin), être de pures inventions ou créations arbitraires de l'esprit humain, il n'en reste pas moins, en tout cas, *un fait certain ;* plus une notion est générale et abstraite, plus elle devient incolore, inanimée et par suite indifférente à tout individu voyant toujours l'évidence sensuelle — peu importe que l'individu se voie obligé ou non psychiquement à se former ces notions. En tout cas l'individu peut encore s'échauffer pour « *Thémis* » ou la déesse « *Justice* » — l'abstraction « justice » le laisse froid. Le Dieu complètement impersonnel comme somme de toute légalité surhumaine — et toute légalité est surhumaine, surnaturelle, car les sens ne perçoivent jamais que des « faits » et non des « lois » — pourrait bien être la loi d'une nouvelle nécessité logique de la pensée ; mais ce serait aller contre la nature humaine que d'exiger de *sentir* quelque chose pour ce Dieu, cette abstraction logique très élevée, ce couronnement de l'édifice logique, quoi qu'il puisse être inévitable. On ne peut *sentir* quelque chose que pour un être qui *sent lui-même*, qui possède du moins la faculté de répondre à des sentiments. On *admire* la beauté de la nature ou la beauté des arts, mais on ne *sent* rien pour elle, car le sentiment, l'adoration, le rapprochement et la communion ne vont pas sans la réciprocité, la supposent et l'exigent même. C'est pourquoi le règne de l'impersonnel « Jehovah » fut de si courte durée, s'il fut jamais sérieusement et solidement établi quelque part. Dieu dut se personnifier de nouveau afin que l'homme pût de nouveau « lui ouvrir son cœur ». La théorie de « Logos » chez Philon, Jésus comme fils de Dieu, les « Séphiroth » des Cabalistes, la « vision » mystico-théosophique de Dieu, nous représentent autant d'essais de concilier les divergences fondamentales entre les exigences de la *logique* qui toujours *impersonnalise* Dieu et celles du sentiment individuel qui a une tendance invincible à le *personnaliser*. Le combat à la vie et à la mort que la théologie et la philosophie soutiennent depuis près de deux mille ans, n'est pas autre chose, au point de vue sociologique et psychologique, que la lutte ininterrompue de la pensée logique avec les facteurs sentimentaux qui sont en l'homme.

Celui qui croit donc que l'*intelligence* a décidément remporté la victoire, en notre époque éclairée, sur le sentiment, que la catégorie logique est devenue enfin maîtresse des émotions psychiques, celui-là donne trop de valeur à la puissance de la première dans la même mesure où il rabaisse la valeur des dernières.

La religion ou respectivement ses réglementations dans le *cérémonial* auquel en droit correspond *la loi*, en morale, les *commandements* éthiques, dans les mœurs sociales, le *tact*, ne peuvent pas être davantage décrétées par un aréopage de penseurs que le droit, la morale, la science ou l'art. Elle a sa croissance propre naturelle tout comme les autres fonctions sociales. Ses racines plongent très profondément dans les ténèbres et se dérobent aux observations de l'expérience, dans les derniers retranchements du sentiment (1), lequel pousse toujours l'homme à se mettre en rapport avec « le surhumain, l'inconnaissable. »

Les utopistes socialistes qui caressent le rêve de l'État sans religion et qui diraient volontiers que l'État socialiste de l'avenir réussira parfaitement à subsister sans la religion, sous prétexte que « la religion est affaire privée », ces utopistes se font des illusions insensées. L'irréligion est aussi bien une anomalie psychique qu'une *moral insanity*, l'absence de sentiment du droit, le manque total du sens de l'art et de la science. Celui qui découvrirait la « formule du monde » et qui nous apporterait la preuve mathématique et précise non pas de l'*existence* mais du *pourquoi* des lois qui règnent dans les phénomènes de la nature, celui-là seul aurait le droit d'être athée. Jusqu'à ce qu'il ait produit une preuve absolument convaincante et irréfutable qui dissipe tous les doutes, tout athée est, pour le philosophe non prévenu, un dogmatiste fervent aussi bien que le théiste fanatique.

---

(1) Les nouveaux travaux de Ziegler et de Lehmann sur le « sentiment » l'ont montré d'une manière suffisamment claire.

Au point de vue psychogénétique, la question n'est donc pas de savoir *si* la religion sera possible dans l'avenir, mais *comment* elle sera possible Le désaccord entre le besoin *logique* qui exige un Dieu unique et *impersonnel* et le besoin *psychologique* qui ne demande pas moins impérieusement la *personnification* de « l'invisible », pousse impérieusement vers une solution. Le problème sociologique s'impose également à nous d'une façon sérieuse, à savoir la querelle entre les intérêts religieux de l'*espèce humaine* et ceux de l'*individu* qui comme membre de « l'humanité » prétend à l'*égalité* et, comme personnalité particulière, à la *liberté* de pensée sans restriction au point de vue religieux. Le problème religieux que philosophie et théologie ont tenté, mais en vain, de résoudre définitivement, et cela pendant des milliers d'années, doit être enfin abordé par son *côté sociologique*. Car on peut donner le titre de fonction sociale à la religion tout aussi bien qu'aux autres fonctions. Elle a même à un plus haut degré que les autres, le caractère de créatrice d'impératifs. Sur toute la ligne des États civilisés de l'Europe et de l'Amérique, les impératifs religieux commencent de plus en plus à pâlir et à perdre de leur force. Les punitions religieuses reculent de plus en plus à l'arrière-plan, et les efforts désespérés qu'on pourrait faire pour maintenir une puissance religieuse n'empêcheront pas l'accomplissement de cette évolution. L'individu actuel a incontestablement la tendance à *régler lui même* ses rapports avec le « surnaturel » ou bien *à ne pas les régler du tout*. Plus on va en avant, plus on voit l'arbitraire religieux et anarchique de l'individu prendre la place de la réglementation religieuse propre aux périodes précédentes plus croyantes. Le côté sociologique du problème religieux s'arrête ici et nous l'indiquons simplement sans pouvoir lui donner une solution définitive. C'est seulement dans la dernière partie de notre ouvrage, chapitre systématique, que nous essaierons de trouver une solution à cette face sociologique du problème religieux.

⁎

Il existe, à côté de la langue, du droit et de la religion, toute une série de fonctions sociales *labiles*, dont l'étude psychogénétique offre un notable intérêt sociologique : ce sont la *morale*, la *science*, *l'art*, la *stratégie* et la *technique des inventions*. La morale *crée* des lois morales, l'art, des règles esthétiques. La science *scrute* et *fixe* les lois des phénomènes naturels, ordonne (en mathématiques) tout d'après la mesure et le nombre, *calcule* (en astronomie) la forme et le mode d'action des fonctions cosmiques, *règle* (en médecine) la manière de traiter les maladies de l'organisme humain et (au point de vue préservatif) les relations sanitaires des hommes, et *crée* enfin (en logique) les impératifs de la pensée. La stratégie, qui s'est formée parmi les types belliqueux des hommes, remplace peu à peu l'arbitraire ou la licence chaotique des hordes sauvages, par une réglementation extérieure, par une subordination militaire bien arrêtée, par certains principes dans la manière de faire la guerre qui devient peu à peu une science propre : *la science de la guerre*. Les *inventions* se produisent comme par hasard sans règle aucune, il le semble du moins au premier abord, manquent de fils conducteurs conscients dans leur marche, même chez les peuples civilisés, jusqu'à ce qu'elles aient aussi leurs impératifs, c'est-à-dire leur technique propre. Aujourd'hui nous avons cet *ars inveniendi* que Bacon de Verulam avait rêvé : les méthodes scientifiques en usage dans nos laboratoires sont essentiellement des impératifs de l'art de la découverte. A la place de l'irrégularité désordonnée qui régnait dans les découvertes des temps passés, apparaît une préparation méthodique et la prise en charge systématique de problèmes qui promettent beaucoup. Ceux qui nous ont précédés *ont trouvé* certaines choses, ceux de l'époque actuelle *découvrent* beaucoup de choses, parce qu'ils cherchent *d'après des règles déterminées*. L'éclaircissement du chaos originel, l'*astreinte de l'homme par des impératifs de toute sorte*, voilà quel est le sens le plus élevé du développement de toutes les fonctions sociales. Dans tous les domaines de la vie et de l'activité communes, la *règle* remplace partout l'*arbitraire*, l'*ordre* social succède au chaos anarchique originel. Plus nous progressons dans la civilisation, plus ces ordres se multiplient et s'étendent indéfiniment. Mais la *forme* de ces commandements s'adoucit au fur et à mesure que le nombre des réglementations s'accroît. L'individu actuel, par sa vie propre très développée, brise la rigidité et la cruelle sévérité des impératifs des temps anciens. Convention et étiquette, mœurs et droit perdent de plus en plus de la raideur et de la rigueur qui les caractérisaient dans les générations disparues. La tendance d'adoucissement de tous les impératifs se manifeste aussi visiblement que leur croissance numérique. Ce qu'ils gagnent en nombre, ils le perdent en force et en valeur. Si les peuples civilisés de l'antiquité s'en tiraient avec dix ou douze Tables, c'est-à-dire avec une poignée d'impératifs, dont la violation entraînait souvent la peine de mort, nous avons des milliers d'ordonnances et de commandements politiques, juridiques, moraux, religieux, artistiques, scientifiques, sociaux (qui regardent spécialement la vie de société, comme le code d'honneur), professionnels, etc., dont la violation entraîne une échelle infinie de degrés dans la punition, depuis le mépris de la société jusqu'à la peine de mort. L'amoncellement des impératifs va la main dans la main avec le relâchement dans la force, ce qui s'explique psychologiquement et sociologiquement par la raison que la variété infinie des impératifs entraîne comme conséquence inévitable un nombre correspondant de degrés dans la punition.

Mais les fonctions sociales, appelées par nous *labiles*, mentionnées en dernier lieu, supposent un degré relativement élevé de spiritualité de la part de l'homme. Morale et science, technique et art sont également le produit d'impératifs *réfléchis*. Famille et propriété, société et État, langue, droit et religion, surtout au commencement de leur évolution, sont en quelque sorte de libre venue. Ici, avec une logique immanente, la téléologie sociale crée des règles de conduite bien avant que la science humaine se soit emparée de ces réglementations pour en faire l'objet de ses observations, de ses études et de ses recherches. Les impératifs moraux, artistiques et scientifiques, au contraire, sont déjà dus à la raison humaine qui, notamment en philosophie, est arrivée à la conscience qui cherche à analyser l'essence de ces commandements et qui examine la possibilité d'une transgression intentionnelle. Dans la conscience réfléchie surgit un correctif de la téléologie sociale. La forêt vierge des impératifs sociaux qui grandit rapidement, pêle-mêle et sans plan, est abattue sans pitié par la scie mordante de la critique humaine. Ce qui, en fait de réglementation des rapports des hommes entre eux et des rapports de l'homme avec la nature organique et inorganique qui l'entoure, avait cru jusqu'ici librement, sans conscience du but, tout cela doit être transformé d'après un plan et réorganisé en vue d'un but conscient. La raison entreprend la tâche épineuse et insidieuse de maîtriser la nature, et pousse la témérité jusqu'à vouloir remplacer par l'opportunité *consciente*, l'opportunité *inconsciente* des institutions sociales ainsi que les a faites la téléologie immanente : en un mot, *il se forme une philosophie sociale.*

———————◆———————

Beaugency. Imp. J. Laffray.

5ᵉ Année.   Nᵒ 1ᵉʳ.   Janvier 1897.

REVUE INTERNATIONALE
DE
SOCIOLOGIE

PUBLIÉE TOUS LES MOIS, SOUS LA DIRECTION DE

RENÉ WORMS

Secrétaire-Général de l'Institut International de Sociologie

AVEC LA COLLABORATION ET LE CONCOURS DE

Abonnement annuel : FRANCE : 18 fr. → UNION POSTALE : 20 fr.

PARIS
V. GIARD & E. BRIÈRE, ÉDITEURS
16, RUE SOUFFLOT, 16
1897

V. GIARD & E. BRIÈRE, ÉDITEURS, 16, RUE SOUFFLOT, PARIS.

BIBLIOTHÈQUE
SOCIOLOGIQUE INTERNATIONALE

PUBLIÉE SOUS LA DIRECTION DE

RENÉ WORMS

Secrétaire-Général de l'Institut International de Sociologie.

Cette collection se compose de volumes in-8°, reliure souple (1).

Ont paru :

RENÉ WORMS : *Organisme et Société.* . . . . 8 fr.

PAUL DE LILIENFELD, vice-président de l'Institut International de Sociologie : *La Pathologie Sociale* . . . . , . . 8 fr.

FRANCESCO S. NITTI, professeur à l'Université de Naples, membre de l'Institut International de Sociologie : *La Population et le Système social*, édition française. . . . . 7 fr.

ADOLFO POSADA, professeur à l'Université d'Oviedo, membre de l'Institut International de Sociologie : *Théories modernes sur l'origine de la Famille, de la Société et de l'État*, édition française. . . . . . 6 fr.

SIGISMOND BALICKI, associé de l'Institut International de Sociologie : *L'État comme organisation coercitive de la Société Politique* . . . 6 fr.

JACQUES NOVICOW, membre et ancien vice-président de l'Institut International de Sociologie : *Conscience et Volonté Sociales.* . . . . . 8 fr.

FRANKLIN H. GIDDINGS, professeur à l'Université de New-York, membre de l'Institut International de Sociologie : *Principes de Sociologie*, édition française . . . . 8 fr.

Paraîtront successivement :

MAURICE VIGNES, docteur en droit : *La Science Sociale d'après Le Play et ses continuateurs.*

ACHILLE LORIA, professeur à l'Université de Padoue, membre de l'Institut International de Sociologie · *Problèmes Sociaux Contemporains*, édition française.

LOUIS GUMPLOWICZ, professeur à l'Université de Graz, membre et ancien vice-président de l'Institut International de Sociologie : *Sociologie et Politique*, édition française.

MAXIME KOVALEWSKY, ancien professeur à l'Université de Moscou, membre et ancien vice-président de l'Institut International de Sociologie : *Les Questions Sociales au Moyen-Age.*

JULES MANDELLO, chargé de cours à l'Université de Budapest, membre de l'Institut International de Sociologie : *Essai sur la méthode des Recherches Sociologiques.*

(1) *Les volumes de la collection pourront aussi être achetés brochés avec une diminution de 2 francs.*

Beaugency. Imp. J. Laffray